Ansiedad

La mejor guía para reducir el estrés y los ataques de pánico (Guía de alivio de la ansiedad para superar la depresión, el miedo y el estrés)

Silvio Godoy

Publicado Por David kruse

© **Silvio Godoy**

Ansiedad: La mejor guía para reducir el estrés y los ataques de pánico (Guía de alivio de la ansiedad para superar la depresión, el miedo y el estrés)

ISBN 978-1-989744-23-9

Este documento está orientado a proporcionar información exacta y confiable con respecto al tema y asunto que trata. La publicación se vende con la idea de que el editor no esté obligado a prestar contabilidad, permitida oficialmente, u otros servicios cualificados. Si se necesita asesoramiento, legal o profesional, debería solicitar a una persona con experiencia en la profesión.

Desde una Declaración de Principios aceptada y aprobada tanto por un comité de la American Bar Association (el Colegio de Abogados de Estados Unidos) como por un comité de editores y asociaciones.

Se establece que la información que contiene este documento es veraz y coherente, ya que cualquier responsabilidad, en términos de falta de atención o de otro tipo, por el uso o abuso de cualquier política, proceso o dirección contenida en este documento será responsabilidad exclusiva y absoluta del lector receptor. Bajo ninguna circunstancia se hará responsable o culpable de forma legal al editor por cualquier reparación, daños o pérdida monetaria debido a la información aquí contenida, ya sea de forma directa o indirectamente.

Los respectivos autores son propietarios de todos los derechos de autor que no están en posesión del editor.

La información aquí contenida se ofrece únicamente con fines informativos y, como tal, es universal. La presentación de la información se realiza sin contrato ni ningún tipo de garantía.

Las marcas registradas utilizadas son sin ningún tipo de consentimiento y la publicación de la marca registrada es sin el permiso o respaldo del propietario de esta. Todas las marcas registradas y demás marcas incluidas en este libro son solo para fines de aclaración y son propiedad de los mismos propietarios, no están afiliadas a este documento.

TABLA DE CONTENIDO

Parte 1

Introducción

El estilo de vida competitivo y los factores de estrés diarios de la vida están empujando continuamente a las personas al límite con muchas de ellas entrando en estados negativos de ansiedad y depresión. Los trastornos de ansiedad que conducen a una serie de comportamientos negativos y las emociones pueden salirse de control si desde el principio las medidas correctas no se toman a tiempo. Dado que muy poco se puede hacer para controlar las condiciones que desencadenan el miedo y la ansiedad;el enfoque cambia hacia la búsqueda de formas que puedan usarse para romper el ciclo de la ansiedad, de modo que uno sea capaz de vivir una vida pacífica y feliz, libre de estrés y ansiedad.

Este libro cubre información a fondorespecto alo que realmente es la ansiedad, cuáles son las causas y las consecuencias y cómo se puede romper elagarre de la ansiedad. También comparte las diversas etapas de la ansiedad y cómo se puede llegar a saber que la ansiedad se está convirtiendo en un trastorno. El libro también ha compartido cómo la ansiedad influye negativamente en la mente y la percepción de las personas en la medida en que uno no puede ver claramente cuál es la realidad al ver las cosas de una manera distorsionada. A pesar de que el trastorno de ansiedad pueda resultar complejo dado que deja a uno en una situación muy negativa, muchos estudios han demostrado que la práctica de la meditación ayuda a deshacerse del estrés y la ansiedad.

Aprender algunas técnicas simples de meditación que se pueden practicar en la comodidad del hogar puede ayudar en gran manera a eliminar la ansiedad. Así como la ansiedad altera la condición mental donde uno llega a pensar más negativamente, participar en la meditación no sólo altera el estado mental de unohacia una actitud mental positiva, sino que también le permite a uno profundizar hasta el nivel de superación de las limitaciones de la mente y los sentidos.

Practicar la meditación abre la mente de uno y también les permite conectarse con lo que realmente son. Tal nivel de conciencia trasciende el de la mente y es posible ver las cosas en su verdadera forma mientras estamos en ese estado. Este libro ha cubierto en detalle cómo la práctica de la meditación puede proporcionar un gran alivio de la ansiedad y otros síntomas relacionados.

Usted aprenderá más acerca de la meditación, los beneficios de la meditación, cómo la meditación ayuda a deshacerse de la ansiedad, varios tipos de técnicas de meditación y las técnicas de meditación que se pueden utilizar para deshacerse de la ansiedad. También aprenderá a como vivir en el momento presente; un estado de conciencia donde usted puede disfrutar de la paz y ser feliz ahora. Mindfulness es un estado alcanzable y al practicar las estrategias compartidas en este libro, usted será capaz de llegar a ese nivel de conciencia donde su pasado o futuro ya no influye en sus pensamientos. Todo su enfoque y concentración estará en el ahora, un estado de ser uno con su fuente. Es el lugar de paz, alegría y felicidad.

Gracias por tomarse su tiempo para descargar el libro! Te animo a leerlo todo hasta el final para que no se pierda laMindfulness y cómo puede desarrollarla para vivir el momento.

Capítulo 1

Comprendiendo la ansiedad y su impacto

La ansiedad es una emoción familiar que todo el mundo puede experimentar en algún nivel de la vida. Es una sensación de inquietud que se produce como resultado de estar estresado o preocuparse por una situación dada. La ansiedad también es una función natural que se activa cuando hay alguna amenaza potencial y permite evaluar la situación para una respuesta adecuada. La ansiedad puede ser buena, especialmente cuando uno se encuentra en un estado tan elevado como para tener mejor desempeño o incluso conduce a la estimulación de impulsos creativos que impulsa a uno a encontrar soluciones para una situación. Por ejemplo, una persona puede estar teniendo ansiedad por perder su trabajo, tal sentimiento puede hacer que evalúen sus vidas e identifiquen otras habilidades que puedan tener, lo que puede llevar a explorar otras opciones de carrera.

Por otro lado, la ansiedad puede ser considerada como mala cuando desencadena respuestas inapropiadas a las amenazas percibidas que luego pueden conducir a síntomas intrusivos y persistentes. Una persona que mira una pérdida eminente de trabajo puede comenzar a preocuparse por cómo van a empeorar las cosas, cómo fallara en el pago de sus deudas y terminar perdiendo sus propiedades. Un rastro de pensamiento de este tipo, si persiste puede desencadenar comportamientos obsesivos, fobia, pánico y otras emociones negativas que si no se abordan, puede provocar un trastorno de ansiedad. La ansiedad es un problema de salud mental que se ha vuelto bastante frecuente en todo el mundo. La gente recurre a actos y comportamientos extraños, y muchas de las causas fundamentales se identifican como ansiedad.

A diferencia del miedo que desencadena una repentina descarga de adrenalina y estabiliza la amenaza real o percibida que ha pasado; la ansiedad enciende una sensación persistente de preocupación, temor, tensión que normalmente no está clara en la mayoría de los casos. Puede ser una emoción tan vaga que generalmente se experimenta cuando uno está anticipando alguna desgracia. Es como estar en algún estado de ánimo orientado al futuro con el enfoque en la próxima experiencia negativa. El grado en que las personas experimentan ansiedad varía, sin embargo, cuando la sensación de ansiedad se vuelve persistente y aparentemente incontrolable, entonces se deben tomar acciones ya que estar en tal estado consistentemente puede ser bastante abrumador.

Cuando el estado de ansiedad se vuelve bastante intenso en la medida en que llega a interferir con el funcionamiento de las actividades diarias, puede describirse como un trastorno de ansiedad. El trastorno de ansiedad es estar en un estado aumentado de miedo como resultado de la respuesta de un sistema nervioso a un estímulo externo. Es donde el cerebro se activa internamente en respuesta a la situación de estrés. Una persona con trastorno de ansiedad llega a experimentar una gran cantidad de emociones negativas, como sentimientos de desánimo, tristeza, desesperanza, falta de interés en la vida y sentimientos similares. Estos sentimientos entonces pueden interferir con la forma de pensar, el comportamiento y cómo llevan a cabo las actividades diarias. Conocer los síntomas a tener en cuenta puede ayudarle a uno a saber si están experimentando la ansiedad diaria normal o desarrollando trastorno de ansiedad. Por lo tanto, la intensidad de los sentimientos que enciende este estado en la persona, debe ser evaluada para una identificación precisa.

Cuando la ansiedad se convierte en un trastorno

La ansiedad se puede describir como la alarma automática del cuerpo que se activa cada vez que uno se enfrenta a una situación que es estresante y se siente amenazado o bajo presión. Tanto como la ansiedad puede ayudar a hacer uno para mantenerse enfocado o como incluso estimular la acción que motiva a uno a resolver los problemas percibidos; se convierte en un trastorno cuando interfiere con el comportamiento de uno y cómo manejan las actividades diarias, incluyendo sus relaciones. Los siguientes síntomas pueden ayudar a uno a identificar si se tiene un trastorno de ansiedad;

- Sentimientos persistentes de preocupación, tensión y de estar al límite.
- Interferencia con las responsabilidades familiares y otras actividades diarias.
- Sentimientos constantes de miedo que pueden parecer irracionales, pero que le resulta difícil superarlos.
- La creencia de que algo malo o muy negativo puede suceder si una tarea determinada o algo no se hace.
- Experiencias de ataques de pánico repentinos que causan la descarga de adrenalina.
- Sentimientos de peligro eminente que es probable que ocurra.

Las personas tienden a experimentar

trastornos de ansiedad de manera diferente y los síntomas pueden ser examinados como un desorden en lugar de considerarlos de forma aislada. Por ejemplo, una sensación de ataque de pánico de una sola vez podría no ser necesariamente un trastorno, pero cuando se experimenta junto con otros síntomas como la abstinencia de la familia y los amigos, óinvolucra comportamientos extraños; entonces eso se puede concluir que es trastorno de ansiedad. Aparte de los síntomas primarios del trastorno de ansiedad; hay síntomas emocionales que se pueden asociar con el trastorno de ansiedad y a continuación se presentan algunos de ellos;

- Sentimientos de temor o aprensión
- Irritabilidad, tenso y nervioso
- Falta de concentración donde uno tiende a estar ausente de mente.
- Anticipación de lo peor
- Búsqueda de señales de peligro.

Abordar el trastorno de ansiedad se puede hacer eficazmente cuando uno entiende los síntomas y está muy consciente de la extensión del trastorno y del peligro que puede conllevar si no se consideran las medidas adecuadas para abordar la situación. Hay muchas formas que se han dicho para ayudar con la ansiedad; sin embargo, se ha demostrado que la meditación es una de las formas más efectivas que ayudana aliviarla ansiedad y otros problemas relacionados con el estrés.

Ansiedad y pensamientos intrusivos

Por mucho que la ansiedad pueda ser bastante intensa, hay otros factores que pueden contribuir a la intensidad de la emoción y son los pensamientos intrusivoslos más comunes. Los pensamientos intrusivos son pensamientos que consiguen bombardear tu mente e imaginación. Un pensamiento sólo cae en tu mente e inmediatamente la imaginación comienza a correr libremente. Los pensamientos son considerados como intrusivos a medida que llegan a la mente contra la voluntad de uno. Los pensamientos pueden ocurrir en los destellos, pero tienen el potencial de aumentar la sensación de ansiedad. Tales pensamientos pueden causar mucha angustia y conocerlos puede ayudarle a uno a examinar el alcance de la situación y las medidas adecuadas que deben tomarse para abordar la situación de manera efectiva.

Los pensamientos intrusivos van desde preocuparse por la salud, el trabajo o incluso preocuparse por sus seres queridos. Los pensamientos se mantienen intermitentes y persistentes en la mente, lo que pone a la persona en un estado constante de ansiedad intensa. Los pensamientos intrusivos caen en diferentes categorías y conocer la causa es un paso hacia la superación de la situación.

Recuerdos no deseados

Pensamientos intrusivos pueden venir en forma de recuerdos no deseados. Por ejemplo, uno podría haber participado en un acto que no es muy agradable y tal acto puede haber causado un tremendo dolor a sí mismo o a los demás. Incluso después de superar la situación y las consecuencias relacionadas con la incidencia; un recordatorio de la experiencia puede desencadenar ansiedad y causar sentimientos intensos de cualquiera de las emociones compartidas anteriormente. Una persona con recuerdos angustiantes puede tener un destello de esos recuerdos aparece en cualquier momento, especialmente cuando está bajo ansiedad.

Pensamientos violentos

Una persona que experimenta ansiedad intensa también puede experimentar pensamientos violentos, especialmente cuando se les ha identificado con un comportamiento obsesivo compulsivo. Estos son pensamientos que simplemente aparecen en la mente donde pueden sentir un fuerte deseo de participar en un acto violento. La persona también puede tener pensamientos intrusivos cuando ve que otra persona cercana a él es la persona vulnerable a la violencia debido a sus acciones.

Pensamientos de muerte

Los pensamientos de la muerte pueden ser intrusivos, especialmente con aquellos que experimentan ansiedad y que es causada por una enfermedad terminal. Los destellos constantes de pensamientos de muerte pueden seguir apareciendo, lo que si se consideran tienen el potencial de intensificar el sentimiento de ansiedad. Ser consciente de los pensamientos intrusivos puede ayudar a identificar el alcance de la ansiedad y las consecuencias queeste puedegenerar. El proceso de superar la ansiedad puede ser posible cuando se identifican los pensamientos intrusivos, ya que tienden a alimentar las sensaciones que aumentan los sentimientos de ansiedad. Una persona que ya está experimentando ansiedad puede no saber cómo responder a los pensamientos intrusivos cuando surgen El hecho de que ya se sientan abrumados con el estado en el que se encuentran, solo hace que los pensamientos intrusivos aumenten el sentimiento de ansiedad y angustia. Hay estrategias que se pueden utilizar para poner tales pensamientos en control sin embargo para un alivio eficaz; el saber que existen es clave.

Ansiedad y cómo cambia el cerebro

Se ha demostrado que la ansiedad cambia la estructura del cerebro, incluso porque también hace que uno se sienta mal. La ansiedad disminuye el tamaño del hipocampo, la sección del cerebro que se conoce como la sede de la memoria. También aumenta el tamaño del cerebro conocido como amígdala, que es responsable de la respuesta al miedo. Con una amígdala agrandada, uno llega a ser más temeroso y ansioso. Una combinación de miedo, estrés y ansiedad desencadena la liberación de hormonas causantes del estrés que son responsables de los desequilibrios en los neurotransmisores del cerebro, que son los químicos utilizados por las células del cerebro para la comunicarse entre sí.

Capítulo 2

Cambiar las percepciones que contribuyen a la ansiedad

La ansiedad hace que los pensamientos de uno funcionen incontrolablemente, lo que conduce a la aceleración de los latidos del corazón a medida que la respiración se vuelve más pesada. La inquietud aumenta el miedo,lo que hace que se produzcan ataques de pánico. Tales emociones pueden tener un impacto negativo en la mente y el cuerpo. También tienen el potencial de incluso cambiar la percepción de la realidad. La ansiedad afecta el estado emocional de una persona a un nivel muy profundo, lo que luego hace que la interacción con el mundo sea difícil. Diversos estudios han revelado que las personas que sufren de trastorno de ansiedad son capaces de percibir personas y cosas que son inofensivas como amenazas y que ocurren a un nivel inconsciente. Luego, la persona filtra todo lo que encuentra a través de la lente del miedo y el potencial de convertirse en una amenaza.

Una persona con ansiedad puede caer fácilmente en una depresión si su forma de percibir las cosas no está equilibrada. Lo que sorprende a muchas personas es cómo la ansiedad influye en lo que uno se enfocaa lo largo del día. Dado que los hechos se miran con una atención sesgada, la ansiedad entonces altera la conciencia de uno,y modifica la forma en que uno llega a experimentar la realidad. Tal percepción puede tener consecuencias muy profundas en la vida de uno, como moldear lavisión de uno del mundo y del sistema de creencias de manera muy predecible y específica. Una de las principales causas de ansiedad proviene de la forma en que la sociedad está diseñada para operar. Los estilos de vida estrictos con empleos exigentes y un estatus social competitivo que constantemente exigen más pueden ser bastante difíciles de enfrentar, lo que lleva a que uno se drene social, emocional e incluso espiritualmente.

Ese elemento de estar desconectado de la realidad y del medio ambiente que lo rodea, incluyendo el hecho de no estar en contacto con lo que realmente somos, es lo que conduce a la ansiedad. La gente está tan activa con las cosas que causan miedo, algo que se ha visto potenciado por diversos factores sociales. El diseño de la sociedad ha dado forma al cerebro para centrarse naturalmente más en estímulos negativos, sin embargo, con la ayuda de la meditación; el cerebro puede ser reconectado con éxito. Tener una realidad distorsionada puede tener un impacto negativo en la vida de uno y en cómo reaccionan a los problemas de la vida diaria. La ansiedad es capaz de cambiar la forma en que la mente llega a procesar la información,lo que aumenta el pensamiento excesivo, el pensamiento negativo y la tendencia de reconocer las señales de acuerdo con las expectativas psicológicas de uno.

Las condiciones del trastorno de ansiedad aumentan la distorsión de la realidad y el desafío es que la mayoría de las personas que experimentan ansiedad a menudo no se dan cuenta de cómo la ansiedad ha distorsionado su mente. La ansiedad tiende a cambiar las trayectorias neuronales químicas del cerebro y cuando eso sucede; la mente entonces llega a percibir las cosas de una manera diferente de lo que es realmente la realidad.

Para superar los efectos distorsionantes de la realidad debido a la ansiedad,uno necesita comprender cómo la atención de uno llega a influir en su percepción y las formas en que puede ser influenciada. Es importante tener en cuenta que su percepción es realmente su realidad, ya que usted será capaz de experimentar el mundo de acuerdo con la forma en que lo perciba. El trastorno de ansiedad demuestra la capacidad del cerebro para crear realidad en la mente del individuo. La percepción lo es todo, influye en cómo te sientes y en las cosas que puedes hacer. Saber cómo se puede cambiar la percepción es fundamental para una persona con trastorno de ansiedad.

Es posible vivir una vida libre de estrés y feliz, pero esto sólo puede suceder cuando uno identifica el impacto que la ansiedad tiene en sus vidas y cómo realmente altera cómo perciben todo alrededor de sus vidas. Hacer un cambio comienza por cambiar la vieja percepción y enfocando la mente a las cosas que te hacen más feliz. Para poder superar la percepción distorsionada y la forma de imaginar las cosas, el conocimiento de lo que está causando el ciclo de ansiedad es clave y eso le dará una idea de cómo manejarlo y ser capaz de superarlo. La forma en que las personas actúan para determinadas situaciones está influenciada por su percepción inconsciente con respecto a si están a salvo o no en tales situaciones.Introducir nuevas opciones que influyen en como la mente inconsciente interactúa e interpreta las cosas puede ayudar en gran medida a superar la ansiedad.

Cambiando las percepciones negativas

Cambiar las percepciones negativas comienza por creer que el cambio es posible y el cerebro realmente puede ser programado. Crear una vida deseada que esté libre de estrés y ansiedad es posible con el uso de las estrategias y técnicas ideales. Para superar las percepciones negativas, usted tiene que cambiar su pensamiento y las formas habituales en las que responde a los pensamientos. Cada vez que practique reaccionar de una manera nueva a los pensamientos realmente está reentrenando su cerebro y con la práctica, estaráreconectando su cerebro por defecto. Sin embargo, el cambio de las percepciones negativas se puede hacer de manera auténtica y garantizada para lograr los resultados deseados.

Si uno se encuentra en un estado de trastorno de ansiedad, iniciar el cambio sin tener una estrategia clara a seguir puede ser todo un desafío. Hay numerosas técnicas de control de ansiedad, sin embargo, no todas ellas son muy eficaces. Algunas tienden a funcionar bien cuando uno está fuera del ambiente estresante, pero la condición se reanuda cuando uno regresa al entorno que enciende sentimientos de ansiedad. La meditación es una de las mejores formas que se ha demostrado para ayudar a alterar la forma de percepción haciendo posible que uno, haciendo posible que uno supere el estrés y la ansiedad y sea capaz de vivir una vida feliz y productiva. Sin embargo, hay algunos consejos que le pueden ayudar con el manejo de la ansiedad y practicarlos puede aliviar el sentimiento de ansiedad y otras emociones negativas.

Las estrategias compartidas a continuación pueden ayudarte a sobrellevar la situación, sin embargo necesitarás estrategias comprobadas como la meditación, que se tratará en detalle en el siguiente capítulo.

Para superar el estrés y la ansiedad, puede participar en algunas de las estrategias a continuación;

Ejercicio

Participar en el ejercicio físico puede traer un gran alivioal lidiar con la ansiedad. Se ha demostrado que el ejercicio es una gran herramienta para controlar el estrés y la ansiedad. El ejercicio mejora la liberación de neurotransmisores que ayudan a elevar el estado de ánimo y también cansa los músculos,lo que ayuda a prevenir los síntomas de ansiedad. A través del ejercicio, el estrés que causa hormonas que desencadena la ansiedad también se quema en el proceso. Así como el ejercicio físico ayuda a mejorar la salud física también mejora la salud mental, resultando en la eliminación de hábitos poco saludables.

Autoexposición

Esta técnica se puede utilizar para controlar la ansiedad donde uno consigue exponerse a lo que les asusta. Se basa en la creencia de que cuando uno está expuesto a una situación aterradora durante un período de tiempo más largo, puede superar la situación. Esta técnica se aplica principalmente a la ansiedad que se presenta en relación con la fobia, como el miedo a las arañas, la oscuridad, los ascensores y similares. Cada tipo de ansiedad tiene un desencadenante, por ejemplo, los ataques de pánico se desencadenan principalmente por las sensaciones físicas por lo que imitar tal sensación o pensar en los pensamientos que causan ansiedad puede ayudar con el alivio de la ansiedad.

Sin embargo, no es aconsejable hacer esto especialmente si usted considera que está teniendo ó experimentando un trastorno de ansiedad, ya que puede encender algunos destellos de regreso que pueden requerir intervención psicológica.

Ejercicios de respiración

Los ejercicios de respiración son muy beneficiosos para aquellos que experimentan ansiedad. Ejercicios de respiración ayuda a calmar el cuerpo y reducen cualquier probabilidad de experimentar hiperventilación, un síntoma común en aquellos que experimentan ataques de pánico. Hay numerosas técnicas de respiración como las que se muestrana continuación;

- Respirar lentamente por la nariz durante unos 6 segundos con la atención en su respiración.
- Aguantando la respiración durante

unos 3 segundos

- Respirar a través de los labios durante unos 7 segundos, similar a un silbido.

Esta técnica de respiración proporciona al cuerpo el equilibrio adecuado de dióxido de carbono, a su vez estabiliza la velocidad de la frecuencia cardíaca correcta mientras disminuye la gravedad de algunos síntomas asociados con la ansiedad. Tomar tiempo para inhalar y exhalar profundamente cuando se siente estresado también ayuda con el alivio del estrés.

Gritar y vociferar

Esta estrategia puede sonar loca, pero algunos lo han intentado con éxito, sin embargo, se puede hacer en un área privada para evitar crear una atención innecesaria. La estrategia puede parecer divertida y un poco tonta, pero es una excelente manera de recordarle a usted mismo que no está atascado. Esta estrategia puede funcionar bien para aquellos que experimentan casos leves de ansiedad y casos no muy intensos como el trastorno de ansiedad.

Acepte sus limitaciones

Aceptar que usted no tiene el poder de controlar todo puede ayudar con cierto alivio de la ansiedad. Ponga en perspectiva lo que le genere estrés y piense en ello. Analice si es tan malo como cree, si hay algo que pueda hacer para cambiar la situación. Estará menos estresado si se da cuenta de que no puede controlar todo, independientemente de cuán inconveniente que puedan ser las situaciones. Lo mejor que puede hacer es desarrollar una actitud mental positiva y empezar a ver posibilidades fuera de las situaciones que parecen estar fuera de su control. Haga lo necesario para reemplazar los pensamientos y emociones negativas por unos positivos.

Aprenda acerca de sus desencadenantes de la ansiedad

Identificar las cosas que causan ansiedad puede ayudar en gran medida a averiguar la causa raíz y cómo lidiar con las situaciones. Averigüe si es la familia, el trabajo, la escuela, la condición de salud, las finanzas o cualquier otra cosa. Siempre que se encuentre con sentimientos de ansiedad, observe los patrones y cómo se activan los sentimientos. Entender eso puede ayudarle a lidiar con la situación de una manera que le capacite para superar el estrés y la ansiedad.

Dieta saludable

Tener una dieta saludable puede ayudar en gran manera a aliviar la ansiedad. La falta de nutrientes y minerales suficientes que el cuerpo requiere para funcionar de manera efectiva puede causar ansiedad. Una dieta saludable proporciona al cuerpo los nutrientes tan necesarios que permite que el cerebro y todo el cuerpo funcionen de manera efectiva. En los casos donde la falta de comidas balanceadas ha contribuido al estrés y la ansiedad, se pueden utilizar suplementos que ayudan a aumentar los minerales requeridos.

Buscar ayuda

Si usted descubre que su situación se está volviendo persistente, entonces es recomendable que busque ayuda. Puede hacerse una prueba de detección de salud mental para determinar tu salud mental y luego buscar el tipo de ayuda adecuado. Puede hablar con alguien y hacerle saber que se sientes abrumado. También puede hablar con un terapeuta o incluso buscar ayuda profesional. Hay estrategias de relajación que se pueden utilizar con gran éxito. Ejercicios como la relajación, la visualización y la meditación pueden ayudar con el alivio de la ansiedad, sin embargo uno tiene que saber cómo utilizar las técnicas de manera efectiva.

Capítulo 3

Comprendiendo la meditación

¿Qué es la meditación?

La meditación es una práctica que implica descansar la mente para alcanzar un estado de conciencia diferente al experimentado en un estado normal de vigilia. Implica entrenar la mente o inducirla a un estado de conciencia que permita la participación en pensamientos pacíficos. Es un medio que nos permite explorar niveles más profundos dentro de nosotros y finalmente consigue que uno experimente la conexión con el yo interior. La meditación es una ciencia y el proceso se basa en principios específicos que conducen a los resultados verificables deseados.

La meditación es la disolución de los pensamientos en la conciencia eterna o la conciencia pura sin objetivación, saber sin pensar, fusionando finitud en el infinito; *Voltaire*

La meditación también se puede definir

como la práctica de entrenar la atención para ser más conscientes no sólo del funcionamiento interno de la mente y el espíritu, sino también de lo que está ocurriendo en el momento presente. Cuando uno es capaz de tener claridad de lo que está sucediendo en el momento presente, puede elegir con claridad sobre cómo reaccionar a la situación. Por mucho que las circunstancias externas llegan a afectarnos hasta el punto de desencadenar emociones como el estrés y la ansiedad, darnos cuenta de que no podemos controlar las fuerzas externas es vital para entender lo que realmente la meditación implica. Generalmente, es la forma en que respondemos a las circunstancias externas lo que determina cómo las situaciones nos afectan.

La vida siempre nos presentará situaciones que están fuera de nuestro control, sin embargo, lo mejor que tenemos es la capacidad de controlar nuestra mente y los pensamientos en los que nos involucramos. La capacidad de tomar el control de su mente y pensamientos es la estrategia definitiva que ayuda a superar el estrés y la ansiedad. Por lo tanto, practicar la meditación le permite tomar el control de la mente y participar en técnicas de meditación le proporciona la capacidad de pensar en pensamientos positivos, mejorar la claridad y la concentración. Estar en ese estado de calmatambién le permite ver las cosas claramente en su verdadera naturaleza, lo que a su vez tiene un impacto bastante positivo en el proceso de toma de decisiones. Por lo tanto, la meditación implica estar en un estado de conciencia que trasciende la mente, tal como dijo Osho, un gurú y maestro espiritual; "La mente no puede penetrar la meditación; donde la mente termina, comienza la meditación".

Participar en técnicas de meditación no sólo le enseña cómo tomar el control de la mente, sino que también le llevará a dimensiones más elevadas de la conciencia, donde podráconectar con su espíritu, que es más superior a la mente y es capaz de ofrecer guía y paz que puede resultar imposible de realizar a nivel mental. Practicar la meditación le permite vaciar tu mente a medida que su nivel de concentración y enfoque también se profundiza. La meditación le permite a uno estar en un estado espiritualmente energizado y eso puede ayudar a guiar y conducir a uno a la verdad, que luego cambia su percepción y comprensión sobre varios temas. La meditación es un ejercicio antiguo que ha sido adoptado por la mayoría de las religiones. Muchas personas han participado en la práctica de la meditación para transformar sus mentes, sin embargo, las técnicas que se utilizan varían dependiendo de cada religión. Básicamente, la práctica consiste en entrenar la atención y eso se puede lograr practicando la meditación en forma de quietud y silencio, mediante el uso del sonido y la voz y mediante movimientos corporales. Cada forma de meditación utilizada se centra en elentrenamiento de la atención.

Nuestro nivel de conciencia es lo que influye en la calidad de vida que uno vive. Una persona que es más consciente de quiénes realmente y entiende cómo conectarse con su yo interior, será capaz de vivir una vida más tranquila y feliz. En lugar de que las circunstancias los abrumen, siempre expresarán una actitud positiva que les permitirá afrontar situaciones con mucha confianza en que las cosas saldrán bien.

Tipos de Meditación

Siendo la meditación una práctica antigua, es algo que se ha adaptado en todo el mundo en la mayoría de las culturas practicándola como una forma de crear ese sentido de armonía interior y calma. Aunque la meditación está principalmente vinculada a diferentes enseñanzas y creencias religiosas, generalmente es menos de fe e implica más técnica de transformar la conciencia. La práctica se traduce entonces en una sensación de mayor conciencia y paz. Vivimos en una época en la que el estrés y la ansiedad se han vuelto muy comunes, con muchas cosas que desencadenan sentimientos de ansiedad. Se ha comprobado que la práctica de la meditación ayudaa aliviar el estrés y la ansiedad, lo que permite a uno sentirse feliz en el momento.

Por mucho que no haya una manera específica de meditar, encontrar una práctica que satisfaga las necesidades deseadas y complemente tu personalidad es vital. A continuación, se presentan algunos de los tipos de meditación que puede considerar participar para una vida más pacífica y feliz.

* Meditación mindfulness
* Meditación enfocada
* Meditación espiritual
* Meditación del movimiento
* Meditación trascendental
* Meditación del mantra

Es importante tener en cuenta que no todos los tipos de meditación son ideales para todos, ya que cada uno requiere que uno tenga diferentes niveles de habilidades y mentalidad. Usted puede saber lo que es ideal para usted,si conoce más sobre el proceso que implica cada uno y si se siente cómodo con él.

Meditación mindfulness

La meditación mindfulness es uno de los tipos populares de técnica de meditación con su origen en las enseñanzas budistas. Este tipo de meditación implica prestar atención a los pensamientos a medida que pasan por la mente. Se aconseja no juzgar los pensamientos ni se involucrarse con ellos.Todo lo que uno tiene que hacer es observar los pensamientos y tomar nota de los patrones involucrados. La meditación mindfulness combina la conciencia y la concentración y eso se puede practicar centrándose en un objeto o incluso en la respiración mientras observas tus pensamientos, las sensaciones corporales y tus sentimientos. La meditación mindfulness es adecuada para las personas que tienen la intención de practicar la meditación en privado y puede no requierir de la ayuda de un maestro para guiarlo a través del proceso. El proceso es fácil y se puede practicar cómodo cuando uno está solo.

Meditación enfocada

Este tipo de meditación implica involucrarse en el enfoque concentrado a través del uso de cualquiera de los sentidos. Una persona puede elegir centrarse en su respiración o atención y eso se puede hacer contando las cuentas, mirando la llama de una vela o incluso escuchando el sonido de un gong. Por mucho que la práctica suene bastante fácil, mantener el foco durante un período de tiempo más largo puede resultar bastante difícil especialmente para aquellos que comienzan con la práctica. Si a la mente le gusta preguntarse entonces tendrás que controlarla llevándola de vuelta a la práctica y centrándote en el objeto. La meditación enfocada es adecuada para aquellos que requieren un mayor enfoque en sus vidas.

Meditación espiritual

La meditación espiritual es bastante común en las religiones orientales como en la fe cristiana, el hinduismo y el daoísmo. La práctica es más similar a la oración en el hecho de que uno llega a reflexionar más sobre el silencio que está a su alrededor mientras que también busca una conexión más profunda con el universo o Dios. Elementos como el incienso, la mirra, el sándalo, el cedro y otros aceites esenciales se utilizan para ayudar a aumentar la experiencia espiritual. La meditación espiritual se puede practicar en un lugar de culto o incluso en casa. La práctica es una idea para aquellos que orientación y crecimiento espiritual en la vida.

Meditación del movimiento

La meditación del movimiento implica actos como la jardinería, caminar por los bosques y participar en otras formas de movimiento. Es una forma de meditación donde uno es guiado por los movimientos. Este tipo de meditación es bastante adecuado para las personas que en su mayoría encuentran paz en la acción y el amor dejar que sus mentes vaguen. Muchas personas creen en la idea de que la mente puede actuar como una herramienta para la exploración espiritual y participar en las emociones es una manera de hacer investigación espiritual. La meditación siempre invocará un cambio en la conciencia de uno, ya sea que la práctica se lleve a cabo en quietud o en acción. La meditación del movimiento proporciona una manera accesible de restaurar el equilibrio de la mente.

Cuando la mente está mayormente perturbada e inquieta, participar en la meditación del movimiento puede ayudar en la creación de ese cambio requerido en la conciencia que luego conduce a mejorar la paz y la conciencia.

Meditación trascendental

Este tipo de meditación es la más popular en todo el mundo e implica evitar pensamientos que distraigan mientras participa en un estado relajado de conciencia. La práctica se deriva de la tradición védica india donde una persona llega a sentarse en una posición cómoda con los ojos cerrados mientras repiten silenciosamente un mantra dado. El uso del mantra ayuda a enfocar la concentración. Mientras que en ese estado meditativo, el proceso de pensamiento de una persona llega a trascender a un estado donde es reemplazado por la conciencia pura. La persona que medita entonces llega a lograr la quietud perfecta con la ausencia de límites mentales. También se puede experimentar estabilidad, descanso y paz.

Este tipo de meditación puede ayudar a reducir el dolor crónico, la presión arterial alta, la ansiedad y otras condiciones relacionadas con la salud. La meditación trascendental es una de las más estudiadas científicamente y se ha demostrado que es más personalizable en comparación con la meditación de mantra. Es ideal para aquellos que prefieren trabajar con una estructura y se toman en serio la práctica de la meditación.

Meditación del mantra

La meditación del mantra es popular en varias enseñanzas religiosas y se practica dentro de las tradiciones budista e hindú.

Este tipo de meditación implica el uso de sonidos repetitivos que luego ayuda a despejar la mente. El uso del mantra es común con la práctica de la meditación incluso en el contexto secular. Palabras populares como Om se pueden utilizar repetidamente hasta que la conciencia cambia. No es una necesidad que el mantra se hable en voz baja o en voz alta se puede hacer de una manera con la que se sientan cómodos.

Hay algunos mantras que se pueden interpretar, pero otros derivan su valor de la calidad del sonido producido cuando se hablan. Un mantra puede ser recitado o escuchado. En el momento se puede recitar muy rápido y otras veces muy lento. Hay veces que el mantra está conectado a la respiración, visualizaciones, ciertos sentimientos o concentración. Tal vez podrías estar preguntando acerca de lo que podría ser tan especial acerca de repetir una palabra. La idea aquí es participar en la vibración del sonido que luego hace que las células del cuerpo vibren a una frecuencia determinada. Todo lo que nos rodea está en un modo vibratorio, incluyendo los pensamientos y sentimientos en los que nos involucramos. Hay ciertos sonidos que se sabe que evocan ciertos pensamientos y emociones y si escucharlos puede alterar sus sentimientos y pensamientos para mejor, así que eso puede ser genial.

Capítulo 4

Beneficios de la meditación

La práctica de la meditación se está volviendo cada vez más popular entre la mayoría de las personas que la abrazan debido a los numerosos beneficios que tiene. La meditación es un proceso habitual que ayuda a entrenar la mente con el objetivo de mejorar el enfoque y el control de los pensamientos. La práctica de la meditación se ha utilizado para desarrollar algunos hábitos beneficiosos como mejorar los patrones de sueño saludables, superar el estrés y la ansiedad, autodisciplina, desarrollar una actitud mental positiva y mejorar el estado de ánimo. Practicar la meditación hace mucho más que solo ayudar a uno a relajarse y sentirse feliz. Al igual que la ansiedad altera la estructura del cerebro, la meditación cambia igualmente la estructura del cerebro y su funcionamiento, pero de una manera muy saludable y productiva. A continuación se presentan algunos de los beneficios que se pueden obtener al practicar la meditación.

Deshacerse de la ansiedad y el estrés

Una de las razones más comunes por las cuales las personas se dedican a la meditación es poder superar la ansiedad y el estrés. Un estudio en el que participaron más de 3500 adultos con condiciones de ansiedad y estrés mostró que participar en la meditación permitió a las personas superar la ansiedad y el estrés después de participar en la meditación consciente durante ocho semanas. Normalmente cuando una persona está estresada, una hormona llamada cortisol es liberada por el cerebro y tiene efectos muy dañinos como la liberación de sustancias químicas que promueven la inflamación. Los efectos de tales productos químicos pueden interrumpir el sueño, causar ansiedad y depresión, aumentar la presión arterial y contribuir al pensamiento nublado. Practicar la meditación de forma regular no sólo puede reducir los síntomas asociados con la ansiedad, también ayuda a revertir el daño causado por la ansiedad. Varias investigaciones han demostrado que la meditación también puede ayudar a mejorar los síntomas que están relacionados con el estrés y la ansiedad. La ansiedad y el estrés relacionados con los síntomas como el trastorno de estrés postraumático, los sistemas intestinales irritables, las fobias, los pensamientos paranoicos, la ansiedad social y el comportamiento obsesivo compulsivo, incluidos los ataques de pánico, pueden ser erradicados eficazmente a través de la meditación. Para experimentar la mayoría de los beneficios asociados con la meditación, uno tiene que comprometerse a participar en la práctica regular. Una vez que se convierte en una rutina regular, la meditación se convierte en parte de la vida a medida que los beneficios continúan fluyendo. Practicar la meditación ayuda a romper los patrones de pensamiento que son negativos. Los pensamientos acelerados son conocidos por crear un vicio de miedo, preocupación y ansiedad, los cuales puede resultar bastante difícil para dejarlos.

La meditación brilla enormemente en romper el círculo vicioso de patrones de pensamiento que son negativos y obsesivos. Disminuye el hábito de preocuparse y da un control sobre sus pensamientos y mente. La meditación también puede cambiar la forma en que el cerebro responde al estrés. Lo que hace que la mayoría de los hábitos sean difíciles de romper es la fuerte vía neuronal que se crea debido a la repetición constante. La meditación entrena a uno para ver los pensamientos de una manera muy diferente. Entonces, es uno capaz de poder reconocer e incluso detener la charla mental que puede conducir a los pensamientos negativos.

Hay numerosos beneficios que uno llega a experimentar participando en la meditación y a continuación son algunos de ellos;

Beneficios relacionados con la salud

Al participar en la meditación, la fisiología del cuerpo sufre un nivel de cambio que luego afecta a cada célula dentro del cuerpo que los lleva a estar llenos de más energía. Tal afluencia de energía al cuerpo que viene como resultado de la meditación puede conducir a sentimientos más grandes de alegría, entusiasmo, paz incluso a medida que aumenta la entrada de energía en el cuerpo. Algunos de los beneficios para la salud física de la meditación incluyen;

- Disminuye los niveles de presión arterial
- Reduce los ataques de ansiedad al reducir los niveles de lactato sanguíneo
- Disminuye los sentimientos de dolor que vienen como resultado de la tensión corporal, dolores de cabeza, insomnio, úlceras y problemas articulares.
- Mejora la producción de serotonina que luego ayuda a mejorar el estado de ánimo y el comportamiento de uno.
- Mejora el sistemainmunitario
- Aumenta los niveles de energía en el cuerpo que conduce a mayores niveles de energía interior.

Beneficios mentales

Practicar la meditación ayuda a llevar el

patrón de ondas cerebrales a un estado conocido como alfa que se sabe que promueve la curación. Mientras que la mente está en estado alfa, se vuelve bastante fresca, hermosa y delicada. Tal experiencia limpia a uno desde dentro mientras que también los nutre y calma. La meditación debe ser considerada cada vez que uno se siente inestable, abrumado o incluso emocionalmente apagado. Al participar en la práctica regular de la meditación, uno será capaz de experimentar;

* Mejora de la estabilidademocional
* Aumento de la creatividad y la felicidad
* Desarrollaintuición
* Ganatranquilidad y claridad.
* Los problemas que parecían insuperables se vuelven más pequeños y manejables.
* Afila la mente y aumenta la conciencia a través de la relajación.
* Tener una mente aguda sin expansión de la conciencia puede conducir a la tensión, la frustración y la ira. Tener una conciencia expandida mientras

carece de nitidez también puede conducir a la falta de progreso. El equilibrio entre tener una conciencia expandida y una mente aguda es lo que conduce a la perfección.

- La meditación aumenta la conciencia de que la actitud interior influye en su nivel de felicidad.

Beneficios espirituales

Por mucho que varias organizaciones religiosas tengan la práctica de la meditación anclada en sus prácticas, la meditación puede sin embargo ser practicada por cualquier persona sin tener ninguna influencia religiosa. Independientemente de la fe, la meditación todavía se puede practicar por los beneficios espirituales que tiende a ofrecer; y a continuación están algunos de ellos;

- Mejora la transición sin esfuerzo donde uno se aprovecha de ser algo uno con el infinito y ser capaz de reconocerse a sí mismo como parte del infinito de una manera que es inseparable.

- Cuando uno está en un estado meditativo, llega a ese espacio de inmensidad, alegría y calma y esa alegría es lo que se llega a emitir de nuevo al medio ambiente que luego trae paz y armonía a la creación y al planeta en general.
- La meditación es capaz de revelar esa transformación personal de una manera que puede ser bastante beneficiosa. A medida que uno se da cuenta de quién es realmente y de las posibilidades disponibles para uno, naturalmente comienzan a descubrir más sobre sí mismos.

Mayor autoconciencia

Por mucho que sea su parte de los beneficios espirituales que uno llega a experimentar cuando se está meditando, la autoconciencia es un factor clave que vale la pena seguir explicando. La autoconciencia se puede describir como el proceso de profundizar en uno mismo para conectar con tu verdadero yo. Significa conocerte a ti mismo no sólo como un ser físico, sino también como un ser espiritual. Cuando solo te conoces a ti mismo como un ser físico, es más probable que te sientas atrapado, ya que te meterás en situaciones que los cinco sentidos pueden no ser capaces de resolver. Una persona que tiene conciencia propia entiende el hecho de que son seres físicos y espirituales.

Participar en la meditación, por lo tanto, uno permite afinar los sentidos a medida que se conectan más profundamente a su espíritu que opera a un nivel más alto que la mente. Cuando uno puede conectarse con su espíritu, podrá obtener una idea de las soluciones y una visión que los cinco sentidos no pudieron entender. La autoconciencia permite conocer su cuerpo, mente y el espíritu y lo que cada uno anhela, eso es lo que le puede llevar a vivir una vida plena y productiva.

Aumenta la felicidad y la memoria

Entender cómo la meditación aumenta la felicidad puede ayudarte a disfrutar de cada momento de tu tiempo a medida que llegas al flujo de ser en el momento. Aquellos que regularmente se involucran en la meditación sus cerebros tienden a las emociones positivas. La felicidad se puede trabajar y desarrollar como un músculo, este hecho explica por qué la mayoría de las personas que se involucran en la meditación como una práctica regular están más inclinadas a tener emociones positivas. Se ha demostrado que la meditación mindfulness aumenta el funcionamiento psicológico que luego conduce a más felicidad y una sensación de bienestar.

La meditación también ha demostrado ayudar a mejorar la memoria. Participar en la meditación ayuda a mejorar la capacidad de no sólo memorizar las cosas, sino también para consolidar y almacenar la nueva información. Varias funciones relacionadas con el cerebro como la capacidad de toma de decisiones, la superación de las adicciones y muchas otras se mejoran mediante la práctica de la meditación.

Retrasa el envejecimiento y mejora la

La meditación proporciona una manera natural que se puede utilizar para retrasar el proceso de envejecimiento. Aquellos que participan en la meditación regular muestran un aumento en los niveles de melatonina que su cuerpo llega a producir. La melatonina es una hormona beneficiosa ya que ayuda a ralentizar el proceso de envejecimiento mientras que también energiza el sistema inmunológico. También detiene el daño natural de las células del cuerpo que es común con aquellos que están envejeciendo. Un químico como la melatonina también ayuda al envejecimiento para dormir lo suficiente, tienen mayores niveles de energía y también puede prohibir el avance de ciertos tipos de cáncer. Producción de melatonina como resultado de la meditación puede ser de gran beneficio para el cuerpo.

La meditación induce la relajación,lo que a su vez conduce a un aumento en el óxido nítrico, que a su vez hace que los vasos sanguíneos se abran posteriormente a medida que la presión arterial también disminuye. La meditación permite alterar las funciones fisiológicas del cuerpo donde algunas partes del cerebro están dirigidas, lo que luego permite entrar en un estado de relajación profunda y calma. Mientras uno está en tal estado, el corazón entonces llega a bombear sangre de manera constante pero muy lenta. Recuerde que cuando uno está teniendo trastorno de ansiedad, el corazón llega a bombear más sangre con el fin de suministrar al cuerpo y al cerebro la cantidad necesaria de oxígeno. La meditación luego ayuda a la reducción de la velocidad de la frecuencia cardíaca mientras que efectivamente aumenta la eficiencia de la circulación.

Una cosa buena con la meditación es el hecho de que el efecto tiende a durar un período más largo de tiempo y cuando el cerebro y el sistema cardiovascular están en gran forma, el cuerpo entonces encuentra fácil de hacer frente a la mayoría de las tensiones de la vida diaria.

Capítulo 5

Técnicas de meditación para librarse de la ansiedad

La meditación está emergiendo como una herramienta práctica ideal para hacer frente a situaciones que desafían la vida, como la ansiedad, mientras que también fomenta el crecimiento personal. Diversos estudios de investigación han demostrado que la meditación proporciona una gran manera de calmar la mente y deshacerse de la ansiedad. El uso de la meditación como una forma de deshacerse del estrés y la ansiedad se está convirtiendo en una práctica común, sin embargo, los grandes beneficios sólo se pueden cosechar cuando uno sabe cómo llevar a través del proceso. Participar en la meditación con el único propósito de superar la ansiedad ayuda a reducir el malestar físico, da mayor capacidad para hacer frente a situaciones difíciles y un mejor proceso de toma de decisiones.

Se ha demostrado que la meditación para la ansiedad es una gran herramienta para tomar el control de la mente ansiosa.

Cuando la meditación se practica de la manera correcta, puede ayudar a ralentizar el proceso de pensamiento que luego refresca la mente y reduce el estrés. Varios tipos de trastornos de ansiedad se pueden tratar participando en técnicas de meditación. La meditación para la ansiedad ayuda a neutralizar los efectos de la frustración, la ira y la agresión. Participar en la meditación diaria definitivamente ayuda a minimizar la extensión del daño que se causa al cuerpo. La ansiedad no sólo hace que uno se sienta mal, también llega a cambiar la estructura y el funcionamiento del cerebro y eso es un hecho que hace que la meditación sea una de las mejores formas que se pueden utilizar para eliminar la condición.

Cómo eliminar la ansiedad a través de la meditación

Si ya has identificado la naturaleza de la ansiedad con la que estás luchando, entonces lo siguiente que necesitas hacer es ir por un tipo de meditación con la que te sientas cómodo y también tenga el potencial de abordar la situación. Busca técnicas de meditación que te ayuden a abordar la afección de manera efectiva. Una vez que comience el proceso de meditación es importante tener en cuenta que los resultados no serán inmediatos por lo que la consistencia es clave. Participar en algunas sesiones de práctica médica puede tener un tremendo impacto en la ansiedad si se hace de manera consistente. La investigación ha demostrado que participar en la meditación diaria tiene el potencial de alterar las vías neuronales del cerebro que luego hace que sean bastante resistentes al estrés y la ansiedad. Practicar la meditación no requiere mucho tiempo; puede tomar tan poco como 10 minutos cada día para el ejercicio. Lo que realmente es importante es ser consistente con la práctica para que sea un hábito. El mindfulness es ideal para deshacerse de la ansiedad. Puedes practicarlo regularmente y es capaz de entrenar su cerebro para mantenerte enfocado y evitar saltar de una tarea a otra.

Proceso de meditación:
Meditar

Siéntate derecho con los dos pies descansados en el suelo y luego cierra los ojos. Puedes centrar tu atención en un objeto determinado o participar en recitar un mantra en silencio o en voz alta. Elige un mantra de tu elección si dices palabras como "Me amo a mí mismo", "Estoy en paz" o cualquiera de tus mantras preferidos. A continuación, puede colocar en sus manos en su vientre con el fin de sincronizar su respiración con el mantra. Al hacerlo, deja que todos los pensamientos que distraigan se vayan volando.

Respira profundamente

Tómese un descanso de unos 5 minutos mientras centra su atención en la respiración. Siéntate derecho con los ojos y la mano en el vientre. Comienza a inhalar lentamente a través de la nariz mientras sientes que la respiración comienza en el abdomen y fluye hasta la cabeza. Invierta el proceso y exhale a través de la boca.

Recuerde que participar en la respiración profunda contrarresta los efectos asociados con el estrés y la ansiedad mientras que también disminuye la presión arterial y la frecuencia cardíaca.

Estar presente

Tómese su tiempo para centrarse en un comportamiento en un momento dado con un nivel de conciencia. Toma nota de cómo se siente el aire a medida que fluye sobre tu cara y cómo se sienten tus pies al golpear el suelo. Tómese el tiempo y disfrute de la textura de los alimentos que comes. Asegúrese de que está en el momento presente con todo lo que haces. Cuando aprenda a pasar tiempo en el momento se dará cuenta de que se siente menos ansioso y tenso mientras se enfocas en los sentidos.

Intenta comunicarte

Llegar a las personas que han logrado superar la situación ya sea a través de las redes sociales o cualquier otra plataforma puede ser de gran beneficio. No sólo puede compartir sus experiencias; también se obtiene una nueva perspectiva con respecto a la condición, incluso cuando también se crean conexiones.

Sintonice su cuerpo

Tómese el tiempo para escanear su cuerpo mentalmente con el fin de obtener una idea sobre el impacto de la ansiedad en su cuerpo. Puedes acostarte en la espalda o sentarte con los dos pies en el suelo. Comience desde los de los pies mientras trabajas hacia el cuero cabelludo, mientras toma tiempo para identificar cómo se siente su cuerpo. La idea es ser consciente de las áreas de su cuerpo donde se siente suelto o apretado y no debe tratar de cambiar nada. Puede tomar unos 2 minutos, puede inhalar y comenzar a imaginar el aire que ha inhalado fluye a través de todas las partes del cuerpo, incluso mientras se enfoca en cada área de su cuerpo. Repite el proceso a medida que cambias su enfoque a la parte superior del cuerpo mientras prestas atención a los sentimientos y sensaciones que experimenta con cada parte del cuerpo.

Descomprimir

Coloca una envoltura caliente alrededor de

los hombros o el cuello y luego deja que se quede unos 10 minutos. A continuación, puede cerrar los ojos a medida que deja que su cara se relaje y luego proceder al cuello, la parte superior del pecho, incluidos los músculos de la espalda. Retire la envoltura y luego use un rodillo de espuma para masajear la tensión. Coloque una pelota entre la pared y la espalda,luego apóyese en ella mientras mantiene la presión durante unos 15 segundos. A continuación, puede mover la pelota a un punto diferente y luego aplicar presión.

Risa

La carga mental que una persona con ansiedad tiende a llevar puede ser abrumadora que luego hace que uno esté en un estado perpetuo de ira y tristeza. Participar en una risa abundante ayuda a aligerar la carga mental. También ayuda en la reducción de cortisol que es una hormona del estrés que se libera por el cuerpo mientras aumenta la liberación de endorfinas, los productos químicos que ayuda a mejorar el estado de ánimo.

También puede participar en cosas que le hagan aclarar, como escuchar su música favorita o chatear con un amigo que le hace sonreír.

Escuchar música

Escuchar música que sea calmante puede ayudar a reducir la presión arterial, la ansiedad y la frecuencia cardíaca. Usted puede tener una lista de reproducción de canciones o algunos sonidos de la naturaleza que hace posible que su mente se enfoque en diversas melodías.

Ejercicio

Participar en cualquier forma de ejercicio puede ser una manera muy fácil aliviar la ansiedad y el estrés con ello el cerebro consigue liberar los químicos para sentirse bien. Participar en un paseo rápido y algunos ejercicios de estiramiento puede tener un gran impacto en su salud física y mental.

El objetivo de esta meditación no es tener pensamientos; es para ayudarte a notar los pensamientos a medida que surgen para que puedas apartarlos suavemente. El mindfulness no requiere ningún tipo de entrenamiento, sin embargo, los resultados que uno obtiene con este tipo de meditación pueden ser bastante impactantes

Capítulo 6

Vivir en el momento libre de estrés, ansiedad y paz y felicidad

Vivir en el momento presente la conciencia es un aspecto importante que aumenta los niveles de felicidad y paz mientras elimina los sentimientos de ansiedad y estrés. Vivir en el momento implica monitorear y atender las experiencias actuales en lugar de morar en el pasado o predecir cómo podría ser el futuro. La conciencia del momento presente se ha relacionado para contribuir a diversos beneficios, como bajos niveles de cualquier estrés percibido, mejor estado de ánimo, ansiedad y depresión, entre otros. Hay factores estresantes diarios con los que nos encontramos todos los días, por lo que saber que tenemos la capacidad de controlar cómo reaccionamos a ellos es bastante poderoso.

La meditación es la esencia de vivir en el momento presente, ya que nos permite conectar con esa paz y alegría ilimitadas que habita en nosotros. El amor, la alegría y la felicidad están presentes en el centro de nuestro ser y la única manera en que uno llega a trascender la dimensión sensual para conectar con el espíritu interior es a través de la meditación. La meditación permite tomar ese descanso profundo mientras que también está alerta al mismo tiempo. Calma la mente al mismo tiempo que permite conectar con el yo interior. Las experiencias desafiantes que llegamos a encontrar y los sentimientos de ansiedad pueden quitar ese sentido de conciencia y vivir en el momento, sin embargo a través de la meditación, uno es capaz de tomar el control de sus vidas mediante el desarrollo de la capacidad de responder a la situación y no reaccionar a ella.

Una mente llena de ansiedad y todo tipo de turbulencias a menudo drena la energía de la vida, lo que luego nos deja sintiéndonos cansados y agotados. Es posible pasar de la turbulencia a la tranquilidad y eso es practicando la meditación. La mente puede estar preparada para estar quieta y pacífica. Una mente que está quieta y centrada está llena de entusiasmo y creatividad. La meditación ayuda a liberar el estrés que se acumula en la mente. Entonces influye en la mente para permanecer en el momento presente que es en realidad donde se lleva a cabo la acción. Cualquier forma de acción sólo puede llevarse a cabo en el momento presente. Cuando la mente se queda en el momento, entonces entramos en completo estado de conciencia. Un estado donde todo el enfoque se da a la tarea en cuestión es lo que implica la atención plena.

El Mindfulness es realmente tener una conciencia que abraza los sentidos emocionales, mentales, físicos, espirituales y ambientales de cada momento. Ser consciente es tener una conciencia de lo que está sucediendo dentro y fuera de nosotros todo el tiempo. La mente y el cuerpo se conectan cuando ambos se centran en hacer lo mismo, cuando toda la atención está hacia lo que está sucediendo en el momento presente. Si queremos sentirnos felices, más vivos y en paz, entonces tenemos que vivir en el momento presente. Es muy posible permanecer en el momento, un estado donde uno está libre de estrés y ansiedad mientras que también disfruta de la paz y la felicidad. Con el fin de desarrollar el mindfulness y vivir en el momento, se requiere cierto esfuerzo ya que tenemos el conocimiento de que permanecer en el momento puede aumentar la felicidad de una manera grande mientras que reduce la ansiedad y otras emociones negativas. La atención debe centrarse entonces en involucrar a todos los sentidos para estar en el momento presente. Es estar en un estado donde puedes notar lo que ves, lo que hueles, lo que oyes, lo que saboreas y lo que sientes. La conciencia plena es más como cambiar la conciencia.

Para ser más consciente, puede practicar las siguientes técnicas;

Note sus tendencias

Todo el mundo tiene algunas tendencias únicas que nos impiden vivir en el momento presente. Tomar tiempo para descubrir sus tendencias puede ser un gran paso hacia la vida en el momento. Monitorea el tipo de pensamientos que tienden a impedirle quedarse en el momento. Una vez que identifique sus tendencias, escríbalas para su análisis posterior.

Practique la aceptación

Una vez que haya identificado sus tendencias y comience a ser más consciente de ellas, recuerde no juzgarse a sí mismo. Practica la autoaceptación y consigue abrazar lo que realmente eres. Las tendencias que tiene actúan como indicadores de las áreas que pueden requerir su atención. Si es propenso a preocuparse, entonces debería estar interesado en identificar cuándo se desplaza hacia el futuro y recuperarsevolviéndose más consciente al observar sus pensamientos y también participar en la respiración.

Concéntrese en su respiración

Monitorear su respiración es una forma poderosa que puede usar para traerte de vuelta al momento presente. Si se encuentra luchando para quedarse en el momento, entonces todo lo que tiene que hacer es respirar profundamente y luego mantener su enfoque en la respiración. Incluso puedes contar el aliento al inhalar dentro y fuera.

Cuestione sus pensamientos

Tomarse su tiempo para cuestionar constantemente sus pensamientos también puede ayudarle a permanecer en el momento. En el momento en que empiezas a sentir algunas emociones negativas, toma tiempo y analiza los pensamientos que están elevando el sentimiento. No es prudente caminar todo el día con pensamientos negativos que persisten en tu mente. Ser consciente toma disciplina por lo tanto, pensar en pensamientos negativos definitivamente elevará las emociones negativas. Al cuestionar tus pensamientos, te das cuenta de su importancia y si vale la pena entretenerlos.

Determinar

Puede aumentar el tiempo que pasa mientras sigue en el momento presente. Si tienes la intención de desarrollar el mindfulness, entonces tiene que estar dispuesto a trabajar para desarrollarlo y eso sólo se puede realizar cuando está determinado.

Beneficios de Mindfulness

Vivir en el momento o en Mindfulness puede ayudarle de las siguientes maneras;

- *Capacidad para desarrollar concentración y mayor enfoque.*
- *Reduce la ansiedad, la tensión y el estrés.*
- *Pensamiento claro con menos agitación emocional.*
- *Rendimiento mejorado y gran creatividad.*
- *Más felicidad, alegría y paz.*
- *Mayor intimidad y comprensión con la familia y los amigos.*

- *Mayor sentido del significado y aumento de los niveles de autoaceptación y autoestima.*
- Destellos de dimensión espiritual.

Conclusión

Felicidades y gracias por tomarse su tiempo para descargar el libro.

Sé que ha encontrado que el libro es valioso y está lleno de técnicas de meditación que puedes probar. El impacto de la ansiedad puede ser bastante abrumador si no se toman las medidas correctas para abordar y eliminar la situación. Por mucho que este libro haya compartido algunas de las formas que se pueden utilizar para reducir el estrés, varios estudios han demostrado que la meditación es la solución definitiva que tiene el potencial de eliminar la ansiedad.

Ya sea que esté libre de ansiedad, sufra la ansiedad general del día a día o experimente algún trastorno de ansiedad crónica, existe información valiosa que puede aprovechar de inmediato. La información compartida en este libro es capaz de mantenerle libre de estrés y ansiedad mientras disfruta de vivir en el momento con mucha paz y felicidad. También es capaz de permitir que salga del ciclo de pensamiento negativo y ansiedad.

Todo lo que tiene que hacer es implementar lo que ha leído. Para sacar el máximo provecho del libro, puede volver a consultar algunas de las técnicas con las que preferiría empezar y ahora puede estar garantizado de vivir una vida feliz.

Para aprovechar al máximo la práctica de la meditación, es aconsejable que pruebe la mayoría de ellos y pueda conformarte con lo que le resulte mas cómodo. Recuerde que cada uno está más enfocado en una manera diferente de mejorar su conciencia.

Gracias una vez más por descargar el libro, sin embargo, tengo una solicitud; ¿podría seguir y dejar una reseña para el libro?

¡Gracias y disfruta de una vida libre de estrés llena de felicidad mientras vives en el momento!

Parte 2

Introducción

La ansiedad nunca cambiará el resultado. Cada ser humano en este planeta ha pasado al menos un día preocupado por algo. Y es perfectamente razonable,es algo a lo que todos somos propensos. Pero, no importa cuánto suframos, el resultado final nunca se ve afectado por este estado mental.

Lo que comienza con un pensamiento malvado, puede convertirse en un gigantesco grupo de pensamientos negativos y preocupantes que son lo suficientemente poderosos como para no solo enfermarlo mentalmente, sino también físicamente. Estoy seguro de que, al leer estas líneas, recordará algunas de sus mayores preocupaciones que finalmente resultaron inútiles. Le preocupa si pasa el examen, si a esa chica o ese chico le gustas, si no es lo suficientemente bueno, cómo le fue en la última entrevista de trabajo ...

Preocuparse no es la clave para vivir una vida cautelosa, al contrario; Es la llave que abre la puerta a una paz rota, a las noches sin dormir, a la depresión, a la ansiedad, al pensamiento excesivo y a la infelicidad.

La pregunta que se hace en este libro es: ¿es usted un preocupado crónico?

Si no está seguro de su respuesta, mire dentro de usted y lo sabrá. ¿Se preocupa por cosas que la mayoría de la gente ni siquiera pensaría dos veces? ¿Teme que le suceda algo terrible a usted oa las personas que ama? ¿Este sentimiento le hace sentir asustado, cansado o como si estuviera llegando al límite?

Hay una gran cantidad de pensamientos negativos que causan la fea sensación de preocupación, creyendo que, si se preocupa por el posible resultado adverso, siempre está preparado para hacer algo, o ser más cuidadoso o estar en control.

La preocupación constante le impide a su mente ver una solución para un problema; Lo engaña haciéndole creer que se preocupa por algo o por alguien solo porque se preocupa por ellos, cuando en realidad es lo único que hace: preocupaciones y nada más.

Los preocupados constantes creen que al pensar en un problema o una situación y se preocupan por ello, lo están analizando mejor y que son capaces de encontrar una solución adecuada. Pregunte a un preocupado constante qué piensan acerca de las soluciones instantáneas de un problema. Lo bombardearían con millones de preguntas sobre el tema y crearán un problema aún más profundo y tal vez inexistente, creyendo que ven todas las opciones o resultados.

Preocuparse todo el tiempo significa estar en un estado perturbado constante en el que se siente ansioso, asustado y alertado porque cree que el resultado será fatal. Este libro está aquí para ayudarlo a comprender lo que conlleva el proceso de preocuparse y cómo puede, rápidamente, liberarse de este monstruo que controla su vida.

Los siguientes capítulos se centrarán en cómo una preocupación se convierte en un estado de ánimo, ¿qué? puede hacer para evitar que piense demasiado, que a menudolo lleva a preocuparse.

Además, este libro se centrará en los pasos y los métodos que puede practicar de manera eficiente para detener sus pensamientos preocupantes, cómo marcar la diferencia entre una preocupación realista y una no realista, etc.

El propósito principal de estos capítulos será ayudarle a relajarse, quitarse un peso y, de manera lenta pero segura, deshacerse del efecto paralizante de la ansiedad constante.

¿Qué produce la ansiedad?

Hay muchas respuestas a esta pregunta, pero de alguna manera todas llevan a una conclusión: un conjunto de pensamientos negativos en los que se enfoca y crea deliberadamente una emoción negativa sobre cualquier cosa y todo.

La gente se preocupa por las posibles circunstancias o los resultados: ¿qué pasaría si un automóvil me atropellara hoy, si me despidieran, si mi cónyuge me abandona, ¿qué sucede si mis padres mueren, etc.? Cuando se preocupa por una circunstancia (no importa si cree en

Dios, el destino o lo que sea), tiene miedo del posible resultado de las cosas en las que está. Cuanto más piensa en los posibles escenarios adversos (se enfermará) y muere al igual que tu abuela, alguien más obtendrá la promoción en el trabajo, y permanecerá atrapado en su antigua posición con un salario bajo, un automóvil lo arrollará cuando cruce la calle) cuanto más se centre en los pensamientos negativos.

Los alimenta con su enfoque, y es un hecho psicológico comprobado que cuanto más se enfoca en una idea, más altas son las posibilidades de que este pensamiento cree una emoción.

En general, la preocupación ocurre, no porque usted sea "ese tipo de persona", sino porque decide ceder a los pensamientos que sabe que son perjudiciales, y sabe que lo son.

Solo sucede en su cabeza (principalmente cuando la preocupación no está justificada). Antes de que se dé cuenta, es demasiado rígido en este estado mental, y toda su existencia va en una dirección equivocada.

La preocupación afecta su cerebro, y no tiene que ser un científico para saber que estos pensamientos lo perturban y arruinan su paz interior, lo mantienen despierto por la noche y lo desenfocan durante eldía. Tener problemas con su sueño o desarrollar insomnio está estrechamente relacionado con la preocupación; o bien comenzó a preocuparse por su insomnio, o su insomnio lo hizo preocuparse por todo lo demás (incluidas las razones por las que no puede dormir).

Este círculo vicioso puede convertirse en un viaje agotador en el que el preocupado tiene infinitos pensamientos inquietantes sobre su salud, estado mental y razones por las que no pueden dormir.

Las razones por las que una persona puede preocuparse son infinitas y aunque existen situaciones en las que no podemos evitar esto (enfermedad, accidentes, peligro, etc.) en la mayoría de los casos, la preocupación principal por las situaciones hipotéticas es el principal culpable que nos paraliza y nos pone ansiosos. e incluso deprimidos.

La gente cree que, al preocuparse demasiado, se están preparando para un momento potencialmente peligroso o pésimo, pensando que ni se asustarán ni se molestarán cuando ocurra dicho momento.

Esto está mal en muchos niveles porque nadie puede estar preparado para un posible accidente o la muerte de una persona cercana, sin importar cuánto se preocupe, piense demasiado y se prepare antes de que suceda. Todo lo que hacen es simplemente imaginar una situación terrible, ponerse deliberadamente en un estado de ánimo peligroso o ansioso y luego repetir el proceso una y otra vez. En algunos casos, los preocupados crónicos tienden incluso a atraer situaciones adversas en sus vidas porque su vibración es negativa y el universo responde simplemente a ellas.

Quizás haya escuchado a personas que saben que se preocupan demasiado alegando que solo sabían que "esto sucederá". La verdad es que la preocupación o sus pensamientos negativos eran demasiado ruidosos y tenían todo su enfoque en este pésimo resultado también. de largo, que simplemente lo atrajeron. No tiene que ser una manifestación exacta de sus preocupaciones; cuanto más se centre en situaciones adversas, problemas y pensamientos que solo están sucediendo en su cabeza, más vibrará una emoción negativa. Está manifestando cosas malas (el universo le ayuda directamente a obtener más de lo que piensa y siente), por lo que no es de extrañar que su neumático se haya desinflado, lo hayan asaltado en la calle, alguien cercano le diga malas noticias, etc.

Y si bien puede pensar que preocuparse no es más que pensar cuidadosamente y prepararse para los malos tiempos, puede dañar gravemente su salud física. Su salud mental es una cosa frágil, y es su responsabilidad mantenerla a salvo del estrés y especialmente de los pensamientos negativos y preocupantes. El sistema nervioso simpático liberará cortisona (una hormona del estrés) que aumentará los niveles de azúcar en la sangre, así como los triglicéridos. No es necesario que sea médico para saber que este no es un estado saludable del cuerpo.

Por otro lado, la preocupación constante puede llevar a la secreción continua de adrenalina (otra hormona del estrés) que lo pondrá en un estado constante de ansiedad, euforia leve e inquietud.

Pero, no se preocupe, este libro está aquí para ayudarlo a reducir sus pensamientos preocupantes y liberarse de sus garras de hierro. Vayamos al siguiente capítulo y veamos cómo puedes hacer esto.

Cómo detener la ansiedad.

Antes de sumergirnos en estos pasos críticos que lo ayudarán a dejar de preocuparse, recuerde que sus mayores preocupaciones fueron irracionales y que nunca ocurrieron en realidad en su vida. De hecho, obtuvo resultados mucho mejores que se sintió estúpido por pasar tanto tiempo enfocándose en la negatividad y preocupándose por cosas que solo eran posibles en tu cabeza.

•*Atención plena* -El mundo occidental finalmente está descubriendo el poder de la atención plena, mientras que las culturas orientales conocen este poderoso estado de ánimo durante siglos. Entonces, ¿por qué este método es tan importante cuando se trata de combatir los pensamientos ansiosos? Ser consciente significa estar plenamente consciente del momento presente. Vivir en el momento presente significa que eres plenamente consciente de que todo lo que sucedió en el pasado permanece allí y que en el momento en que se encuentra ahora, es completamente nuevo y no se ve afectado por lo sucedido. No, preocuparse por que su compañero le engañe, como sucedió en la relación pasada (con un compañero diferente) no significa que vuelva a suceder. Entonces, en lugar de estar presente en este momento y disfrutar con su ser querido, usted crea escenarios imposibles de cómo él o ella le hará lo mismo a usted y terminará lastimado.Este es solo un ejemplo que se aplica a muchas otras situaciones que tuvo en su vida. La próxima vez que se encuentre con pensamientos de ansiedad sin fin, deténgase deliberadamente. Concéntrese en su respiración, observe todos los sonidos a su alrededor, vea a las personas que están frente a usted, observe el clima y tome plena conciencia del momento en que se encuentra. Cuando cambie su enfoque a otra cosa, incluso durante quince segundos,se está separando por completo de los pensamientos negativos y preocupantes anteriores. Haga de ésta su práctica hasta que se convierta en un hábito.

• ***Meditaciones*** -Muchas personas creen que no son lo suficientemente buenas para meditar porque piensan que este proceso está reservado solo para las personas que son yoguis, gurús de la vida o algo así. Déjeme decirle que todos pueden meditar y puede tener cualquier religión (o ninguna religión) género, edad o educación. Todo lo que necesita hacer es encontrar una meditación adecuada (YouTube ofrece una gran cantidad de meditaciones guiadas para principiantes que pueden guiarlo a través de todo el proceso de calmar su mente). ¿Por qué la reflexiónes una excelente manera de dejar de preocuparse? Porque cuando medita respiraprofundamente, permite que su respiración se ralentice y aprende que es el único que puede controlar sus pensamientos. Las meditaciones le ayudarán a relajar todo su cuerpo y a ser consciente de dónde almacena el estrés (ya sea en su abdomen, hombros, espalda, caderas, etc.).

Sé que suena increíble, y sé que muchas personas piensan que no tienen nada que ver con su corriente de conciencia, pero la verdad es que los pensamientos que flotan en nuestra mente, la mayoría de las veces, simplemente no son palabras conectadas. En el momento en que se dé cuenta de esto, será el momento en el que sepa que puede cambiar su flujo de pensamientos en cualquier momento que desee. Con las meditaciones, aprenderá que la mente puede ayudarlo a hacer lo que quiera, solo si está lo suficientemente enfocado. Verá que un enfoque fuerte puede causar emociones y una perspectiva completamente nueva. Permitir que su mente disminuya su velocidad y se calme a través de las meditaciones es una cura severa y económica que funciona al cien por ciento. Si es nuevo en las reflexiones, puedes comenzar con cinco a diez minutos al día (en cualquier momento del día en que tengas ganas de meditar). Conviértalo en un hábito y vea cómo desaparece ese feo nudo en su estómago, cómo ya no tiene miedo y cómo puede controlar sus pensamientos.

• ***Actividad Física*** – Moverse es muy importante para su cuerpo físico, pero también para tu mente. Ya sea que elija practicar yoga, correr, caminar, hacer ejercicio en el gimnasio o en bicicleta, cualquiera de estos hará su trabajo. Los psiquiatras a menudo sugieren que sus pacientes sean más activos físicamente porque este es un tratamiento conocido y efectivo contra la ansiedad.

Cuando su cuerpo está físicamente activo, libera endorfinas que están probadas para aliviar la tensión y el estrés, le ponen de buen humor y aumentan su energía. La actividad física le ayudará a romper el patrón de preocupación constante, y cuando se dé cuenta de lo bien que se siente después de un ejercicio, no tendrá la energía para volver a enfocar sus pensamientos en preocupaciones y escenarios de miedo. Digamos que usted comienza con un simple paseo alrededor de la cuadra; convierta esto en un hábito cada vez que sienta que los pensamientos de preocupación se están apoderando de usted. Al caminar, preste atención a su respiración, a sus pies tocando el suelo, a los sonidos que lo rodean, tenga en cuenta al caminar y obtenga un doble beneficio.

• ***Hablar de sus preocupaciones*–** Es normal que un ser humano se preocupe de vez en cuando, pero si estos pensamientos que leconsumen amenazan con apoderarse de su vida, tal vez sea el momento de hablar de ello con alguien. No tiene que ser un psiquiatra; puede ser un amigo, un padre, un hermano, un compañero de trabajo, un desconocido ...

Simplemente, déjalo todo fuera. Tal vez cuando se lo diga a otra persona, se dará cuenta de que su preocupación es completamente irracional, tal vez la otra persona le diga las palabras que realmente necesita para escuchar o compartir una historia similar con usted para que pueda ver que no está solo. no importa, estos pensamientos saldrán de tu cabeza y pueden liberarte de una manera que considerabas imposible.

• ***Pase menos tiempo en las redes sociales***–Sé que esto parece una misión imposible, especialmente en nuestro tiempo cuando cada movimiento que hacemos tiene que estar documentado en Facebook o Instagram. Parece que, si no publicamos una foto, nunca nos pasó nada; Los "me gusta" son cumplidos y una unidad de medida de aceptación y aprobación, cuando en realidad no significan nada. La gente tiende a hacer clic en las imágenes con la esperanza de que cuando publiquen su imagen, obtendrán ese "me gusta". Tonto, pero en realidad, vivimos en una realidad virtual donde nada de lo que sucede en el momento presente es suficiente hasta que se fotografíe. Las redes sociales son las culpables de causar depresión y envidia en casi todos los usuarios.

Siempre hay alguien con un mejor estilo de vida, vida amorosa, destino de viaje y qué no; Cuando ve estas imágenes, su cerebro crea la sensación de insuficiencia y que no está viviendo su vida al máximo. De esta manera, le preocupa que esté perdiendo la vida sin hacer nada, poniéndose deliberadamente en un estado constante de preocupación por tener que mantenerse al día con esas personas favoritas en las redes sociales que de hecho se les paga para que se vean bien y tomen fotos en todo el mundo. Incluso si no se está comparando con ellos, sigue comparando su vida con sus amigos en línea que conoce desde la escuela o en el trabajo.

Cuanto más tiempo pasa en las redes sociales, más se preocupa por las cosas que le faltan; sufre cuando no está revisando sus cuentas, sintiendo que se está perdiendo algo o que no le está diciendo a sus amigos lo que le está pasando.

Intente pasar menos tiempo en las redes sociales y, si puede, desactívelas por un momento y vea que su vida continúa incluso sin ellas.

• *Escriba*- No importa la edad que tenga, pero escribir un diario, cuentos, poemas o incluso una novela puede ser una forma constructiva de desenfocar sus pensamientos de sus preocupaciones. Escribasus miedos, escriba cada detalle que le cause miedo y ansiedad, escriba cada resultado imaginado y cualquier idea que le quite la paz. De esta manera está vaciando su mente y las preocupaciones ya no están allí. Si lo desea, puede incluso quemar el papel, una forma simbólica de destruir / deshacerse de sus miedos y pensamientos negativos. Al igual que su hogar, su mente también necesita limpieza, así que hágalo, se lo debe a usted mismo.

Haciendo una diferencia entre ansiedad realista y no realista.

La ansiedad causa preocupación crónica que conduce al desarrollo de pensamientos irracionales. las personas que tienen estos pensamientos y preocupaciones no necesariamente, están conscientes de que solo están creando situaciones hipotéticas o juicios que no son reales; en algunos casos, a los preocupados crónicos se les informa que se preocupan deliberadamente por cosas que nunca sucederán. Pero, aunque pueden ser conscientes de esto, continúan alimentando estos pensamientos y luchan para convencerse de que lo que piensan e imaginan no es real.

Para poder hacer una diferencia entre una preocupación realista y una no realista, una preocupación justificada o injustificada (al igual que el miedo) es la clave para abrir o cerrar la puerta a todos sus problemas. La preocupación puede ser importante y consumir energía, amenazando con destruir su vida; puede ser uno pequeño, solo un pensamiento que tiene mientras viajas al trabajo o mientras conduces, trabajas o cenas. Pero, no importa cuán grandes o pequeñas sean estas preocupaciones, están ahí, existen y están cavando pequeños agujeros en su mente, atrapándolos dentro de un peligroso esquema de negatividad que luego se manifiesta en forma de insomnio, ansiedad, depresión, baja autoestima, creencias que todos le odian, que no es lo suficientemente bueno o que estasdestinado a fracasar o tener una vida trágica.

La pregunta central aquí es: ¿son sus preocupaciones realistas? probablemente, dependiendo de la situación; digamos que un miembro de su familia necesita tomar su terapia mientras están de vacaciones, pero se han olvidado de sus medicamentos y ya están en el autobús o en el avión. Su preocupación por el resultado es una preocupación realista y justificada. La vida de esta persona puede estar en peligro porque olvidó su medicamento en casa.

Pero, ¿puede entregarles este medicamento de alguna manera?

¿Puede llegar a ellos antes de que se vayan? ¿Pueden reemplazar la droga en el lugar donde están de vacaciones? Si la respuesta es sí, entonces su preocupación es completamente injustificada. En lugar de descomponerse y pasar tiempo preocupándose por qué sucedió esto, pensar en el resultado y deliberadamente ponerte en modo de pánico, asegúrese de pensar con claridad y haga lo que pueda para cambiar la situación.

Cada vez que una preocupante oleada de pensamientos atraviesa su cabeza y parece que no es capaz de pensar en otra cosa, y mucho menos en funcionar normalmente o dormir, pregúntese: ¿es mi preocupación realista? ¿Voy a morir en un accidente de avión? ¿Cuáles son las posibilidades de que toda mi familia sufra un accidente automovilístico cada vez que salen?

¿Creo que mi jefe me odia? ¿Me importa en absoluto lo que mis compañeros de trabajo / personas al azar que conozco piensen de mí? ¿Lamenté mucho haber dicho o no haber dicho esa respuesta (piense en algo que dijo o no dijo en una discusión con una persona específica)?Estas preguntas pueden responderse con respuestas simples como sí y no, y lo crea o no; Puede sonar tan liberador y calmante.

La respuesta a este tipo de preguntas generalmente es no, pero su hábito aprendido de pensar demasiado y creer en resultados más complicados es persistente para hacerle pensar que dijo algo horrible, que sus amigos o compañeros de trabajo lo odian, que usted y su familia están en un riesgo significativo de accidentes y así sucesivamente. La verdad es que estos son solo escenarios en tu cabeza.

La gente no piensa mucho en otras personas; todos están obsesionados con sus vidas, lo cual es bueno. La posibilidad de estar en un accidente de avión es tan escasa, que, para ser sincero, es dudoso que usted esté en uno.

Esta es la forma más fácil de marcar la diferencia entre una preocupación realista e irrealista y, en el fondo, usted es plenamente consciente de cuáles de sus pensamientos preocupantes y escenarios de ansiedad pertenecen a estas categorías. La próxima vez que pase por una fase de pensar demasiado o preocuparse por cosas menores (y sabrá cuándo su preocupación no es realista), como lo que la gente piensa de su ropa, si les gusta, si suena inteligente frente a otras personas, si son lo suficientemente divertidos y demás, solo háganse estas preguntas: ¿su opinión cambia mi valor? ¿Su visión de mí me hará una mejor persona?

¿Me importa realmente lo que piensan de mi ropa o cómo me expreso? ¿Su juicio de mí es la definición de quién soy como persona? Confía en mí, tener preocupaciones injustificadas es un verdadero infierno y una forma segura de menospreciarse, pensando que no debe ser lo suficientemente bueno porque teme que alguien más tenga una opinión equivocada sobre usted. Quién es y lo que hace no está relacionado con la opinión de otras personas. Lo que otras personas piensan de usted es solo su incumbencia, y no le afecta como persona, ni significa que su idea de usted sea correcta. Es solo una proyección de quienes son como persona. Siempre asegúrese de darse respuestas honestas a sus preguntas relacionadas con sus preocupaciones injustificadas, siempre que ocurran.

Las razones que le causan ansiedad.

Estar en un estado constante de preocupación no solo es una carga terrible en su mente, sino que a menudo afectará su salud física. La ansiedad crónica no es algo que deba tomarse a la ligera o considerarse como una manera molesta de pensar. Incluso si no es una persona que pasa mucho tiempo preocupándose por esto y por lo otro, es posible que tenga un amigo, un miembro de la familia o un compañero que pasa por este proceso todos los días una y otra vez. Es esencial saber que su apoyo y apertura para hablar sobre este tema es fundamental. También es importante comprender que este estado mental puede causar estrés severo en las personas y cambios en su salud que pueden convertirse en enfermedades peligrosas.

La preocupación crónica afecta las relaciones, la eficacia en el trabajo o la escuela y hace que la persona esté completamente desenfocada de lo que hace (conducir, caminar por la calle, hablar con la gente).

Las personas que tienden a preocuparse mucho a menudo se quejan de falta de aliento, incapacidad para conciliar el sueño, palpitaciones, sequedad de boca, dolor en los músculos, temblores, sensación de nerviosismo y ansiedad, mareos y fatiga.

Todos estos estados físicos deben tomarse en serio porque si un estado mental lo causa, entonces algo grande está sucediendo dentro de la mente y el cuerpo de esta persona.

Las personas que a menudo se preocupan y demasiado tienden a tener niveles de energía más bajos. Además del hecho de que no pueden dormir por la noche debido a su preocupación excesiva, sus cerebros están liberando hormonas como la cortisona, que es responsable de los latidos cardíacos más rápidos, lo que conduce a una dosis más significativa de oxígeno para la mente; se sabe que esta combinación libera más energía que ayuda al cuerpo a lidiar con situaciones estresantes, y es normal. Pero si esto sucede con frecuencia, el cerebro tendrá que protegerse a sí mismo y al cuerpo de la liberación constante de hormonas, lo que reducirá los niveles de energía y hará que la persona se sienta cansada.

La preocupación excesiva inevitablemente afectará el apetito y todo el sistema digestivo. No es un mito que cuando una persona está molesta por algo se sienta menos hambrienta o incluso se olvide de comer. Imagine lo que sucede cuando alguien está en un estado crónico de preocupación y pierde el apetito.

Todos tuvimos esa sensación como si tuviéramos un nudo en el estómago y todos sabemos lo terrible que afecta no solo al sistema digestivo sino a toda nuestra existencia. La ansiedad crónica y el estrés tienden a hacer que este nudo permanezca en las entrañas durante más de unos pocos días; Las glándulas tiroides son responsables del metabolismo, y si estas hormonas no funcionan bien, el sistema digestivo dejará de funcionar.

Es posible que se sienta estreñido, o que no sienta hambre en absoluto, lo que provocará dolor en el estómago y, a largo plazo, puede causar problemas graves, como úlceras, por ejemplo. En el momento en que comienza a sentirse así, vea los consejos del segundo capítulo: comience a moverse, comience a hacer ejercicio, tome mucha agua y pase más tiempo en la naturaleza y lejos de las redes sociales.

La preocupación constante puede ser el principal culpable de problemas en la piel. Estoy seguro de que ha notado cómo reacciona su piel cada vez que pasa por momentos estresantes. Todo el acné de la cara y la espalda no se debe a que coma comida chatarra, sino a que algo en su cuerpo no está funcionando bien, y generalmente se ve afectado por lo que pasa por su mente.

La importancia de limpiar su mente y

detener sus pensamientos y preocupaciones negativos para apoderarse de usted es enorme; tienes que obligarte a dejar de enfocarte en la negatividad y preocuparte por cosas y personas insignificantes. Convierta esto en un hábito y vea cómo su piel comienza a aclararse de forma lenta pero segura. La ansiedad, en general, nos hace estar desenfocados y olvidadisos, y cuando estamos en este estado no nos cuidamos a nosotros mismos como lo hacíamos antes; nos olvidamos de comer con regularidad, nos olvidamos de tomar vitaminas y minerales, solo no nos importa esto crucial para nuestra existencia. No solo la piel sufrirá, sino que también todo el cuerpo puede correr el riesgo de varios procesos, como el envejecimiento prematuro, la desnutrición, la mala calidad de la sangre, etc.

Es por esto que la atención plena es crucial para luchar contra la preocupación crónica; debe pensar en el momento presente, prestar atención no solo a sus pensamientos sino también a sus acciones, incluidas las actividades más habituales y cotidianas, como comer, la higiene básica, etc.

Si todavía no está convencido de que preocuparse es bastante activo en la salud general, piense en el hecho de que afecta al cerebro y arruina tu paz interior.

Nadie en el mundo podría funcionar normalmente cuando se siente perturbado e incómodo. La falta de sueño agotará su energía y lo mantendrá desenfocado, y todo tomará la dirección equivocada desde aquí. Vivimos en la era de Internet, y solemos auto diagnosticarnos solo leyendo los síntomas en línea. Y lo que comienza como una preocupación crónica y provoca un desenfoque, y el insomnio puede llevarlo a pensar que es algo mucho más grave. Antes de saber que está leyendo los síntomas de enfermedades mortales, está seguro de que está deprimido o que tieneuna crisis mental, cuando la verdad es que nada de eso es verdad. Ahora está preocupado por su salud y posible enfermedad que no tiene.

Como suele ocurrir con una preocupación

excesiva, empieza a sentir los síntomas y se está preparando para ver al médico y escuchar las malas noticias. Este es el momento en el que necesita pisar los descansos y ordenarle a su cerebro que abandoneeste patrón

Entre otras cosas físicas, la preocupación crónica puede causar una disminución severa en su libido. Con tantos pensamientos preocupantes en su mente, lo último en lo que pensará (o sentirás la necesidad) será el sexo.

La falta de libido no solo lo restringirá del derecho y amarel sexo con su pareja, sino que también puede dañar gravemente su relación.

Como se mencionó en los capítulos anteriores, la preocupación excesiva es una forma segura y peligrosa que conduce a la depresión. Estar preocupado por todo y por todos, incluso si estas cosas o personas apenas tienen un impacto en su vida es algo peligroso. Muchos casos de preocupación excesiva han llegado tan lejos en su desarrollo, no solo de depresión sino también de paranoia. Si siente que esto le está sucediendo, es hora de hablar con su médico y ver cómo puede sentirse bien nuevamente.

Conclusión

La ansiedad es el principal culpable que nos hace tener pensamientos interminables que están perturbando nuestra paz interior, nos hacen sentir menos bien o están arruinando nuestra confianza en sí mismos. En esta época moderna en la que el mundo ofrece tantas cosas de las que preocuparse (dinero, trabajo, salud, amigos, familia, hogar, etc.) necesitamos encontrar una manera de mantener la calma y la paz. Es difícil hacer esto cuando la humanidad hace del estrés algo de moda, pero es hora de echar un vistazo dentro de nuestras mentes y almas y detectar qué es lo que nos roba la paz y el sueño.

La preocupación excesiva puede causar graves daños a la salud, y si estos pensamientos no se tratan correctamente y se detienen a tiempo, pueden ser los principales culpables del desarrollo de muchos cambios físicos como la mala digestión, la fatiga, el mareo, la falta de aire, el cansancio, pero También de depresión, ansiedad, baja autoestima e incluso paranoia.

Esperamos que este libro le ayude a darse cuenta de que no todas las preocupaciones son realistas y que usted es quien controla sus pensamientos. Usted es quien puede decidir cuándo se detendrán los pensamientos negativos. Cuidar tu paz interior y tu estado mental no es un lujo, sino una necesidad que cada uno de nosotros tiene.